ESSER

Das Urteil des Oberlandesgerichts Köln

vom 28. März 1917

mit Rücksicht auf seine Feststellungen bezüglich der Berechnung der Tantieme des Aufsichtsrats von dem Gewinnvortrage und von der Tantieme des Vorstandes

Ein am 28. März 1917 ergangenes Urteil des Oberlandesgerichts Cöln ist insofern von allgemeinem Interesse, als dasselbe festgestellt hat:

1. daß trotz der bestrittenen Rücklagenatur des Gewinnvortrags in dem Jahre, worin er erzielt worden, es als jetzt wohl überwiegend in Rechtsprechung und Rechtslehre vertretene Ansicht hingestellt werden könne, daß auch dieser Gewinn, der nicht verteilt, sondern zurückgelegt werde, da er im Vermögen der Gesellschaft verbleibe und dessen Schicksal teile, einen wirklichen echten Reservefonds darstelle und deshalb tantiemefrei zu behandeln sei;
2. daß der Gewinnanteil des Aufsichtsrats nicht aus dem vollen Reingewinne, sondern aus dem um den Gewinnanteil des Vorstands verminderten Reingewinn nach Abzug von 4 % Dividende zu berechnen sei, weil die Sachlage es erfordere, daß bei Berechnung beider Tantiemen eine zeitliche Aufeinanderfolge eintrete. Zunächst sei nämlich aus dem gemäß § 237 ermittelten

Reingewinn die Vorstandstantieme zu ziehen. Sobald die Hauptversammlung sie als aus dem Reingewinne dem Vorstand zukommend als vertragsmäßige Forderung des Vorstandes festgestellt habe, werde sie zu einer Verbindlichkeit der Gesellschaft, wobei es dahingestellt bleiben könne, ob sie nunmehr auf Geschäftsunkostenkonto gebucht werde oder mindestens gebucht werden könne. Denn jedenfalls stelle die Vorstandstantieme nach ihrer Bewilligung durch die Hauptversammlung eine wider die Gesellschaft einklagbare Schuld der Gesellschaft dar; es sei der Reingewinn um den Betrag dieser Schuld vermindert. Erst aus diesem, um den Betrag der Vorstandstantieme verminderten Reingewinne sei nunmehr die Aufsichtsratstantieme im Rahmen der Vorschriften des § 245 HGB. mit der Rechnung vom Hundert, nicht auf Hundert, zu berechnen. Eine Anzahl von Aktiengesellschaften handhabe bereits diese Art der Berechnung.

Diesen Ausführungen kann nicht beigetreten werden. Aus der Begründung zu der Feststellung ad 1 ergibt sich die Reservefondsnatur des qu. Gewinnvortrags nicht, sondern höchstens, daß es sich dabei um reservierten Gewinn handelt, der im Sinne des Gesetzes keine Rücklage bildet. So hat sich schon das Reichsgericht in einer Entscheidung vom 5. Juli 1911 (Leipz. Zeitschr. 5. Jahrgang S. 771 Nr. 4) ausgesprochen, wo es heißt, der Gewinnvortrag könne zwar als eine Reserve bezeichnet werden, die Absicht, durch den Gewinnvortrag liquide Mittel zu beschaffen und die Inanspruchnahme von Bankkredit zu vermeiden, hätte auch durch Bildung einer Spezialreserve, eines dauernden Betriebsfonds erreicht werden können; dies sei aber nicht geschehen, denn der Vortrag auf neue Rechnung widme die betreffenden Gelder keinem bestimmten Zwecke, insbesondere keinem auf die Dauer berechneten Betriebsfonds, sondern lasse der Gesellschaft die Freiheit, sie im folgenden Jahre als Gewinn zu verteilen.

Durch den Ausdruck „Rücklage“ in den von dem Reichstage auf Antrag seiner Kommission dem Gesetzentwurf neu eingefügten §§ 237 und 245 sollte der Ausdruck „Reservefonds“, den das Gesetz an andern unverändert gebliebenen Stellen beibehalten hat, ohne Begriffsänderung nur verdeutscht werden; in der Begründung des Antrags wurde sogar die „Rücklage“ behufs deren Einstellung in die Bilanz als „Rücklagefonds“ bezeichnet, offenbar um die Bedeutung der Rücklage als Kapitalfonds zu präzisieren. Eine Rücklage, ein Reservefonds, hat in der Tat nur in der Bilanz eine Bedeutung und kann nur durch Einstellung in die Bilanz zur Entstehung gebracht werden. Die Bilanz der Aktiengesellschaft ist nicht, wie jede andere kaufmännische Bilanz, eine Vermögensbilanz, sondern eine Gewinn-Ermittlungsbilanz, aus der sich ergibt, was die Gesellschaft an verteilbaren Werten und an eigentlichen Vermögenswerten besitzt, die von der Verteilung ausgeschlossen sind; solche Vermögenswerte stellen das Grundkapital und die Rücklagen dar. Deshalb ordnet § 261 HGB. an, daß Grundkapital und Reservefonds unter die Passiva der Bilanz aufzunehmen sind, ohne jedoch wirkliche Passiva zu sein; sie bilden keine Schulden der Gesellschaft, binden aber im Aktiv der Bilanz durch ihre Einstellung in die Passiva gleich hohe Beträge als unverteilbare Vermögenswerte. Durch das Reservenkapital wird das Grundkapital ergänzt. Ganz undenkbar ist es hiernach, daß der unverteilt gebliebene Restgewinn des einen Jahres, der als Gewinn auf die Gewinn- und Verlustrechnung des nächsten Jahrses übertragen wird, eine Rücklage bildet; der Gewinn war Gewinn und bleibt Gewinn; er wird nicht als Rücklage in die Passiva des folgenden Jahres aufgenommen, kann auch eine solche Aufnahme gar nicht finden. Das würde nur auf Grund eines Generalversammlungsbeschlusses erfolgen können, worin zum Ausdruck gebracht wird, den verbliebenen Restgewinn einem Reservefonds zu überweisen; geschieht dies, so entsteht selbstverständlich eine tantiemefreie Rücklage. Wird aber der Gewinnrest auf die Gewinn- und Verlustrechnung des nächsten Jahres übertragen, so erfolgt damit die Feststellung, daß dieser Betrag den Charakter als Gewinn nicht verlieren, keinen unverteilbaren Vermögenswert der Gesellschaft bilden, also auch deren Kapitalvermögen nicht vermehren soll. Der Vortrag wird als Gewinn zur Verfügung der Aktionäre des folgenden Jahres gestellt; wenn er auch in dem Bilanzgewinne am Schlusse der Passivseite enthalten ist, so bildet er doch lediglich einen Teil dieses Ausgleichungspostens zwischen Aktiva und Passiva der Bilanz, aber keinen Reservefonds, wodurch im Aktiv ein Vermögenswert geschaffen wird. Der Umstand, daß der unverteilt gebliebene Gewinnrest nach Vornahme aller Abschreibungen und Rücklagen zu dem verbliebenen Gewinne des Jahres gehört, in dem er erzielt worden ist, macht ihn nicht nur nach der Vorschrift des Gesetzes, sondern auch schon naturgemäß für den Vorstand und Aufsichtsrat tantiemepflichtig, die in diesem Jahre ihres Amtes gewaltet haben. So auch Dr. Simon „Die Bilanzen" S. 11.

Wenn das ObLG. darauf Gewicht legt, daß seine Auffassung die der überwiegenden Ansicht von Rechtslehre und Rechtsprechung sei, so trifft dies nicht zu. Das Reichsgericht hat sich mit der Frage noch kaum befaßt und die Rechtslehre besitzt Streiter auf der einen und der andern Seite; zu denen, die den Gewinnvortrag nicht als Rücklage anerkennen, gehören u. a. Rehm, Bilanzen 544, 655 und ZHR. 75, 68; Steiner bei Holdheim 10, 217; Riesenfeld, Einfluß des neuen Akt.-Rechts; S. 101, Baumer, Fuld, Ztschr. f. d. gesamte Akt.-Wesen 12, 4; Dr. Hamm, Deutsche Jur.-Ztg. 21, 168; Möller, Goldsch. Ztschr. 79, 143. Professor K. Lehmann, der in seinem bekannten Kommentar zum Handelsgesetzbuche (1902) den Gewinnvortrag für das nächste Jahr als eine tantiemefreie „wahre Rücklage" bezeichnet, erklärt in dem Jur. LitBl. vom 18. Januar 1916 S. 11 bei der Besprechung einer im Jahre 1915 bei Marcus & Weber in Bonn erschienenen kleinen Broschüre über die Berechnung der Gewinnanteile bei der Aktiengesellschaft, daß die Frage, ob der Gewinnvortrag eine Rücklage sei, „dubios" bleibe, hält also seine frühere Ansicht nicht mehr aufrecht.

Was den vorangegebenen Punkt 2: Berechnung der Gewinnanteile des Vorstandes und Aufsichtsrates, anlangt, so erscheint die Feststellung des Ob.L.G. als nicht den Vorschriften des Gesetzes entsprechend.

Die §§ 237 und 245 H.G.B. stehen in innigem Zusammenhange miteinander und bestimmen, daß die dem Vorstande und Aufsichtsrate am Jahresgewinne gewährten Gewinnanteile von dem nach Vornahme sämtlicher Abschreibungen und Rücklagen verbleibenden Reingewinne zu berechnen sind und bei der Berechnung des Gewinnanteils des Aufsichtsrats noch ein für die Aktionäre bestimmter Betrag von mindestens 4 vom Hundert des eingezahlten Grundkapitals in Abzug zu bringen ist. Zur Fassung dieser Vorschrift hätte ein einziger Paragraph genügt; die Anordnung des H.G.B. gestattete dies jedoch nicht, da in dem Titel über die Verfassung und Geschäftsführung der Aktiengesellschaft dem Vorstande die §§ 234 bis 242 und dem Aufsichtsrate die §§ 243 bis 249 gewidmet sind. Aus der Stellung der beiden §§ 237 und 245 läßt sich daher nicht der Schluß ziehen, daß nun zunächst die Berechnung des Gewinnanteils des Vorstands und erst dann die des Aufsichtsrats vorgenommen werden müsse; eine solche Reihenfolge hat das Gesetz nicht vorgesehen. Meistens wird die Berechnung wohl gleichzeitig erfolgen; man kann aber auch nach Belieben mit der einen oder der anderen beginnen. Unter Umständen wird man sogar gezwungen sein, die Berechnung des Gewinnanteils des Aufsichtsrats an erster Stelle eintreten zu lassen, da mitunter der Gesellschaftsvertrag eine Bestimmung enthält, wonach dem Vorstande ein Gewinnanteil in der Höhe des für den Aufsichtsrat ermittelten Gewinnanteils oder in Höhe eines Bruchteils dieses Gewinnanteils zugewiesen ist. Die Berechnung der Gewinnanteile hat zufolge der §§ 237 und 245 jedenfalls von dem Jahresgewinne stattzufinden, wie solcher gemäß § 261 HGB. nach erfolgten Abschreibungen am Schlusse der Bilanz erscheint, unter weiterem Abzug sämtlicher vorgenommenen Rücklagen; außerdem ist der Gewinnvortrag aus dem Vorjahre abzuziehen; bei der Ermittlung der Aufsichtsratstantieme bedarf es dann noch des Abzugs der Vordividende von 4 %. Eine weitere Beschränkung gegenüber der Vorstandstantieme kennt das Gesetz nicht. Wäre eine solche beabsichtigt gewesen, so würde sie unzweifelhaft zum Ausdrucke gebracht worden sein. Die Gewinnanteile sind von einem und demselben Reingewinne zu berechnen; dieser von dem Gesetze genau bestimmte Gewinn soll als Ganzes unter die Berechtigten verteilt werden. Das ist auch die herrschende Meinung, der sich das ObLG. nicht anschließen zu können glaubt, weil dieselbe von der Ansicht ausgehe, daß die Gewinnanteile „gleichzeitig" zu berechnen seien. Das ObLG. folgert aus dem Umstande, daß der Gewinnanteil des Vorstands durch die Genehmigung der Generalversammlung den Charakter einer Schuld erhalte, der Reingewinn sich um den Betrag dieser Schuld vermindere; da nun die Berechnung der Vorstandstantieme, „wie es die Sachlage erfordere", vor der Berechnung der Aufsichtsratstantieme zu erfolgen habe, so bleibe für die Berechnung des Gewinnanteils des Aufsichtsrats nur der verminderte Reingewinn übrig; mit andern Worten: die Aufsichtsratstantieme könne nicht von der Vorstandstantieme berechnet werden, weil diese eine Schuld der Gesellschaft bilde, was um so sonderbarer berührt, als das ObLG. kurz vorher in seinem Urteile erklärt hat, die dem Reingewinne entnommene Belohnung für Angestellte sei dem Aufsichtsrate tantiemepflichtig, weil sie eine Schuld der Gesellschaft darstelle. Nun liegt es aber auf der Hand, daß es nicht darauf ankommen kann, wie der Vorstand die Berechnung aufmacht, sondern wie die Generalversammlung sie genehmigt und feststellt; ihr wird ein Gewinnverteilungsplan vorgelegt; seine Genehmigung erfolgt alsdann durch Beschluß zum notariellen Protokoll, unter Beifügung des Verteilungsplans als Anlage. Dadurch entstehen gleichzeitig für alle an dem Gewinne Beteiligte, Vorstand, Aufsichtsrat, Aktionäre und etwaige dritte Personen, deren Forderungsrechte bezw. aus dem Reingewinne zu tilgende Schulden der Gesellschaft. Es wäre aber auch höchst eigentümlich, daß, wenn mehrere zu einem bestimmten Verhältnisse an einem Ganzen beteiligt sind, z. B. zu einem Zehntel, nachdem der erste sein ein Zehntel zugewiesen erhalten hat, der zweite nur von den verbliebenen neun Zehnteln sein ein Zehntel sich berechnen lassen müßte; der zweite ist ebenso wie der erste am Ganzen beteiligt, und er bleibt daran beteiligt, auch wenn die Auseinandersetzung nicht gleichzeitig erfolgt; die ganze Masse besteht aus den berechneten Beteiligungen, und niemand erhält von der Beteiligung eines andern etwas. Nach alledem ist die Annahme des ObLG., der Teil des Reingewinnes, welcher auf den Gewinnanteil des Vorstandes entfalle, sei bei der Berechnung des Gewinnanteils des Aufsichtsrats tantiemefrei zu behandeln, ungerechtfertigt.

Wenn das ObLG. weiter annimmt, der Gewinnanteil des Vorstands könne, nachdem er durch die Beschlußfassung der Generalversammlung eine

Schuld der Gesellschaft geworden sei, nunmehr unter die Geschäftsunkosten verbucht werden, eine Buchung, die an und für sich dem Gesetze widerspricht, so übersieht es, daß die Generalversammlung zunächst die Bilanz zu genehmigen hat, und erst dann nach Vornahme aller Rücklagen die Gewinnverteilung feststellen kann. Die vorher genehmigte Bilanz hat nun nach Maßgabe des § 261 HGB. am Schlusse den Jahresgewinn aufzuweisen, worin im Sinne des Gesetzes der Gewinnanteil des Vorstandes enthalten ist. Hat man aber diesen Gewinnanteil entgegen der gesetzlichen Bestimmung schon vor seiner Feststellung durch die Generalversammlung unter die Geschäftsunkosten verbucht, so ergibt die Bilanz einen um den Betrag des Gewinnanteils geringeren Gewinn. Eine nachträgliche Verbuchung, wie das ObLG. sie zulassen will, gehört nach erfolgter Genehmigung der den geringeren Gewinn aufweisenden Bilanz zu den Unmöglichkeiten; es müßte dann eine ganz neue Bilanz und Gewinn- und Verlustrechnung aufgestellt und ebenso neue Berichte des Vorstands und Aufsichtsrats angefertigt werden; es bliebe nichts übrig, als die Generalversammlung zu vertagen und neuzuberufen.

An und für sich sind aber auch die Gewinnanteile keine dem Betriebe zur Last fallenden

Unkosten, bilden keine Gehälter, sondern Beteiligungen an dem durch § 237 festgesetzten Reingewinne, wodurch das Interesse des Vorstands mit dem Interesse der Gesellschaft verbunden wird; sie werden diesem Reingewinne entnommen und aus demselben, also nicht als Geschäftsunkosten, sondern als Gewinnanteile getilgt. So hat das Reichsgericht in seiner Entscheidung vom 22. März 1902 sich ausgesprochen (J. W. 1902 S. 255). Wollte man aber auch eine Buchung des Gewinnanteils auf Geschäftsunkostenkonto unbeanstandet lassen, so würde er doch dadurch den Charakter eines festen Gehalts nicht erhalten. Die Meinung, gewinnanteilspflichtiger Gewinn sei erst vorhanden, wenn der Gewinnanteil des Vorstands davon in Abzug gebracht worden, verstößt gegen den Inhalt der §§ 237 und 245 und die Ansicht der Gerichte und Kommentatoren. Staub sagt, unter Bezugnahme auf Anmerkung 18 zu § 237, in den Anmerkungen 7 und 9 zu § 245: Unter dem in den §§ 237 und 245 gebrauchten Ausdrucke „Reingewinn" ist der sich aus der Bilanz ergebende Reingewinn zu verstehen. Die Tantieme des Vorstands, die aus dem Reingewinne gezahlt wird, ist nicht in Abzug zu bringen.

ANZEIGEN

wichtiger neuerer Bücher
auf den folgenden Seiten

FSC
www.fsc.org
MIX
Papier | Fördert gute Waldnutzung
FSC® C083411

Kolibri 360 GmbH
Ferdinand-Jühlke-Straße 7
99095 Erfurt, Deutschland
produktsicherheit@kolibri360.de